UN COIN DU VOILE

APERÇU

DES

ÉVÉNEMENTS DE PARIS

PAR

HENRI ROCHEFORT

25 CENTS

NEW-YORK.
IMPRIMERIE DU MESSAGER FRANCO-AMÉRICAIN
42, GREAT JONES STREET, 42

1874

Entered according to Act of Congress, in the year 1874, by

HENRI ROCHEFORT

In the Office of the Librairian of Congress.

Washington, D. C.

UN
COIN DU VOILE

APERÇU

DES

ÉVÉNEMENTS DE PARIS

PAR

HENRI ROCHEFORT

NEW-YORK

IMPRIMERIE DU MESSAGER FRANCO-AMÉRICAIN
42, GREAT JONES STREET, 42

1874

UN COIN DU VOILE

Aperçu des Evénements de Paris.

—•—

Napoléon III, à bout d'impopularité et se voyant dans la nécessité urgente de chercher dans une guerre étrangère un dérivatif aux colères croissantes de l'opinion publique, résolut un jour de faire tuer 200,000 hommes pour avoir le droit d'en déporter 500. Nous, qui lisions dans son jeu, nous nous récriâmes. La police vint alors briser les presses de nos journaux, et les feuilles de la maison impériale nous déclarèrent soldés par la Prusse. Quand six mois plus tard, l'assemblée cléricale de Bordeaux, toute pleine de souvenirs de l'invasion de 1815, bâcla en trois quarts d'heure un traité de paix, que les émigrés n'eussent certainement pas signé, nous nous indignâmes, et les mêmes hommes qui nous avaient appelés mauvais Français quand nous nous opposions à la guerre, nous appelaient mauvais Français quand nous avons refusé d'accepter la paix. L'instinct si lucide du peuple lui avait révélé que nous serions battus, et lui avait démontré en même temps qu'en risquant le va-tout d'une levée en masse, toutes les défections et toutes les hontes pouvaient être lavées en un jour.

De cette double désillusion sont nés tous nos malheurs. Je ne veux pas savoir jusqu'à quel point le mouvement du dix-huit mars était légitime ; ce que j'affirme, c'est qu'il était inévitable et que dans une certaine mesure il était nécessaire. Après l'accueil fait au député Garibaldi par l'Assemblée, après la paix du tombeau au devant de laquelle elle avait semblé courir, il n'y avait plus aucun doute sur ses intentions monarchiques. Il faut être bien résolu à se donner à un roi pour se livrer à l'étranger avec cet empressement. Le peuple de Paris a compris que la République était en danger. Ce qui s'est passé depuis et ce qui se passe actuellement démontre que s'il a manqué de patience il n'a pas manqué de pénétration. M. Thiers, dans le discours qui a précédé sa chute, a prononcé ces paroles imprudentes, si elles n'ont pas été préméditées : — " Comment pouvez-vous supposer que moi, vieux monarchiste, je n'aie pas hésité longtemps avant de me décider pour la République, mais de nombreux délégués des départements sont venus m'avertir que, si je ne prenais pas des engagements formels dans ce sens, ils imiteraient Paris et se constitueraient en communes. Or, comme je n'avais pas trente mille hommes à détacher du siége de la capitale pour les lancer contre la province si elle s'insurgeait, j'ai dû faire des promesses auxquelles il m'est aujourd'hui impossible de me soustraire."

On n'a jamais avoué plus clairement que le mouvement du 18 mars en retenant les troupes devant Paris a contribué à la consolidation de la République. La

Commune, qui l'a suivi, a été, comme tous les pouvoirs nés d'une insurrection, un gouvernement de fait. J'ai cru alors de mon devoir d'aller m'enfermer dans Paris, qui m'avait élu un des premiers, et dont même après ma démission, donnée à la suite de l'abandon de nos deux provinces, j'étais resté moralement le représentant. J'ai donné dans mon journal des conseils, non pas à la Commune, qui ne les eût probablement pas écoutés, mais au peuple parisien, qui me connaissait et avait gardé quelque confiance en moi.

Ce que j'ai fait alors je le ferais de nouveau si des événements analogues se reproduisaient. J'ajoute que si tous les représentants de Paris avaient, comme je l'ai fait, quitté l'Assemblée de Versailles pour aller, soit calmer, soit consulter leurs électeurs, la lutte eût pris un tout autre caractère et la démocratie n'aurait pas perdu 35,000 de ses meilleurs soldats, massacrés au nom de la République par ceux qui à cette heure ne cachent même plus leurs rêves de monarchie.

Mais, je le demande, que pouvais-je empêcher, à moi seul, au milieu des exaspérations d'une ville bombardée ? Dès le premier jour j'ai insisté dans le *Mot d'Ordre* pour que l'incendie de l'échafaud brûlé sur le boulevard Voltaire fût autre chose qu'une cérémonie publique. Tant que la peine de mort subsistera, il y aura certainement des exécutions nécessaires, comme celle de Maximilien, ce Jocrisse du pouvoir, comme celle de Bazaine, ce noir scélérat, qui a trouvé grâce auprès d'un ami que l'histoire considérera certainement comme un complice, mais les morts qui ne sont pas de formidables exemples deviennent inutiles et conséquemment dangereuses. J'ai donc regretté, aux points de vue politique et humain, les exécutions qui ont compromis l'honneur des derniers jours du combat. Mais peut-on exiger de vaincus mitraillés, égorgés, bombardés, le sang-froid et le calme qui ont si totalement manqué aux vainqueurs ?

Oui, des vengeances ont été exercées ; on a fusillé des prêtres, un archevêque, un journaliste, et je le déplore. Les républicains sont des hommes de principes et non des hommes de passion ; ils n'ont pas le droit d'égorger leurs ennemis sous prétexte que leurs ennemis les égorgent ; mais enfin, jamais représailles ont-elles été plus excusées par les scènes d'épouvante qui les provoquaient ? Au moment où ces faits désastreux se sont produits, Paris, on le sait aujourd'hui, était littéralement submergé par le sang. Quinze mille cadavres d'hommes, de femmes et d'enfants jonchaient les trottoirs et les chaussées. La veille de la mort de l'archevêque le plus grand crime que l'histoire ait encore eu à enregistrer venait d'être commis. Un des élus de Paris, représentant du peuple à l'Assemblée nationale, le citoyen Millière, avait été arrêté chez son beau-père, au milieu de sa famille, amené par une escouade de soldats jusque sur les marches du Panthéon, et là fusillé sans jugement par un certain capitaine Garcin, agissant sous les ordres du général de Cissey.

Cet attentat contre le suffrage universel est absolument unique. Les royalistes peuvent désormais insulter à leur aise aux grands travaux de la première Révolution. Ils peuvent rappeler les prétendues noyades de Nantes, les mitraillades de Lyon, la Convention se décimant elle-même ; nous leur répondrons que les Girondins ont été jugés, que Louis XVI a été jugé, que Danton, que les Hébertistes ont été jugés ; mais un député, couvert par l'inviolabilité de son mandat, saisi et égorgé sur place par un des bas officiers de l'armée, c'est là une monstruosité sans nom comme sans précédent. Millière eût-il prit la part la plus prépondérante aux actes de la Commune, son exécution sommaire serait injustifiable. On reste stupéfait quand on songe que son rôle s'était borné à écrire dans un journal quelques articles, lesquels étaient de telle nature qu'ils amenèrent la suppression par Raoul Rigault de la feuille où ils avaient paru.

Les égorgeurs ont essayé plus tard d'expliquer cet assassinat. Le Millière, fusillé, l'avait été par erreur, ont-ils prétendu, au lieu et place d'un autre Millière, chef de légion, qu'on a confondu avec le député de Paris, et que, bien entendu, il a été impossible de retrouver.

Mais la mort du député journaliste Millière servait trop les honteux intérêts d'un homme alors à peu près tout puissant pour que le doute soit permis sur la préméditation qui y a présidé. Ils auront beau patauger dans leurs explications comme ils ont pataugé dans le sang, cet assassinat restera leur condamnation éternelle, car il montre sans réfutation acceptable comment les vainqueurs de Paris traitaient la légalité et la volonté nationale au nom desquelles ils prétendaient combattre. En supprimant ainsi sans procédure un de ses membres, l'Assemblée nationale s'est suicidée, car elle a rendu désormais légitimes toutes les tentatives qui seraient dirigées contre elle.

Pendant huit jours :

" Un bruit sinistre emplit la caserne Lobau, "

a écrit l'immortel auteur de " l'Année Terrible. " C'était par centaines que les prisonniers étaient amenés enchaînés devant les mitrailleuses et écharpés d'un seul coup.

Aux buttes Chaumont l'ignoble Galliffet forçait les gardes nationaux à creuser d'immenses fosses au bord desquelles il groupait des bataillons entiers qu'il faisait ensuite rouler à coups de canon dans ces tombes improvisées. Nous avons eu comme compagnon de captivité dans les casemates du fort Boyard un brave républicain qui, mal tué, avait attendu la nuit pour sortir tout mutilé d'entre les cadavres et pour gagner une retraite où il n'été repris que plusieurs mois après.

Derrière les murs de la prison de la Roquette, la tuerie avait été telle que l'enterrement était devenu impossible et que la salubrité du quartier tout entier se trouvait compromise. Les officiers qui commandaient le feu avaient trouvé la solution du problème en réquisitionnant de grandes charrettes où l'on entassait les morts au fur et à mesure des besoins de la journée. Mais probablement afin de rendre cette besogne plus intérressante, il obligeaient les gardes nationaux eux-mêmes à empiler dans les voitures les corps de leurs frères d'armes, et chaque fois qu'un prisonnier avait terminé sa sinistre tâche, que le tombereau était plein et qu'il se préparait à en descendre, un coup de fusil le couchait auprès de ses compagnons et le charretier emportait au même trou et les morts et leur fossoyeur. Ces récits semblent empreints d'exagération. Eh bien, je l'affirme, ils sont très loin encore de la réalité. Nous ne pouvons citer que quelques épisodes, et c'est la multiplicité de pareils faits qui en augmente l'horreur.

J'ai vu tous les jours pendant un an se promener dans la cour de la citadelle de St. Martin de Ré un jeune homme dont je n'ai jamais pu savoir au juste ni le nom, ni la profession. Il marchait constamment, les yeux grands ouverts et comme fixés sur quelque chose d'épouvantable. Absolument silencieux, il oubliait les repas que ses camarades lui servaient, et qu'il prenait machinalement sans sortir de cette affreuse contemplation. Cet infortuné était un des rares prisonniers qui, requis pour l'entassement des morts dans les voitures, avait échappé par miracle, ou plutôt par la fatigue des égorgeurs, au dénouement qui l'attendait.

Un autre, à la suite de ce lugubre travail, n'etait pas tombé en démence comme celui-là, mais au milieu de la conversation la plus indifférente, il pâlissait tout à coup et passait précipitamment et à plusieurs reprises ses mains tout le long de son corps, comme pour en faire couler le sang qu'il croyait perpétuellement voir ruisseler sur ses habits.

J'ai connu, et mes compagnons d'évasion ont connu comme moi, au fort Boyard, un condamné qui, blessé à la jambe par un éclat d'obus au commencement de la lutte, avait été fusillé dans son lit à l'ambulance de Saint-Sulpice où il était entré. La balle l'avait traversé d'outre en outre et avait encore brisé une des barres du lit. Il avait néanmoins résisté à ce nouvel assaut, et nous l'avons retrouvé au milieu de nous à peu près guéri. Cette victime des fureurs les plus hideuses qui aient jamais souillé une guerre civile, je la connais, je pourrais la nommer, mais ce mort vivant est actuellement en Calédonie, au pouvoir de ceux qui, après l'avoir fusillé une première et une deuxième fois, ne se feraient aucun scrupule de le fusiller une troisième, qui probablement serait la bonne.

Quand il fut bien établi que les trente-cinq mille morts de la bataille ne se réveilleraient plus, quand tous les vaisseaux de la marine française eurent été réquisitionnés pour loger les quarante mille prisonniers épargnés par les baïonnettes, quand Paris, dont nous avions rêvé de faire une Saragosse contre les Prussiens, fut devenu une Varsovie, quand le minotaure de l'ordre eut tout dévoré, jusqu'à la tribune et aux journaux où quelque voix courageuse aurait pu demander des comptes, quand enfin les vainqueurs s'aperçurent qu'ils pouvaient tout dire puisqu'ils avaient seuls la parole, alors commença ce qu'on pourrait appeler la fête de la calomnie. Les légendes les plus fantastiques s'improvisèrent et j'eus spécialement l'honneur d'être pris pour objectif et pour cible par les fruits secs de la chronique et les fruits moisis du feuilleton. Tous les moustiques du bas journalisme, tous les cancrelats d'antichambre et de confessionnal se vengèrent d'un seul coup des souffrances d'amour-propre que ma notoriété leur avait parfois infligées. L'auteur de *La Lanterne*, le membre du gouvernement de la Défense Nationale, le député de Paris disparut pour faire place à on ne sait quelle bête du Gévaudan dont la vie publique et privée n'avait été qu'une série d'infamies. Je laissais mourir de faim mes enfants, j'avais un peu tué mon père. Le public parisien, qui avait cru quelque temps à mon désintéressement, apprenait tout à coup que j'avais été arrêté, nanti de six cent mille francs enlevés de force à la banque, et de plusieurs montres de prix dont l'origine ne pouvait être douteuse. Une perquisition habilement dirigée avait amené la découverte dans mon appartement de tous les bronzes de M. Thiers et d'une quantité notable de tableaux du Louvre.

Le banqueroutier Villemessant, dont les papiers trouvés aux Tuileries après le 4 Septembre avaient révélé la probité politique, avait naturellement pris le commandement de cette croisade, et il faut bien reconnaître que personne n'était plus capable de la mener à bonne fin.

On n'est pas impunément le chef incontesté de la presse ordurière, le premier sacripant de France, quelque chose comme le Latour d'Auvergne de l'abjection. Cet homme, qui a sur la conscience deux faillites dont il ne s'est pas encore réhabilité, qui s'est appelé successivement Cartier, puis Delaunay, puis Villemessant — du nom de tous les pères qui ont refusé de le reconnaître — pardonne difficilement à ceux qui ont la propriété du nom qu'ils portent et de l'argent qu'ils gagnent. On se demande pourquoi ce sont les républicains qu'il vise de préférence, car moi-même je l'ai vu bâtonner par un député bonapartiste, souffleter par un légitimiste fort connu, et ornementer par un officier de Francs-Tireurs d'un crachat à la figure — seule décoration qu'il lui soit permis de porter.

Ce vieux réprouvé, qui essaie de secouer sur nos femmes et jusque sur nos enfants une partie du mépris qui l'accable, a dans les ténèbres de son passé des secrets sinistres qu'on ignore et qu'il faut qu'on sache. Il a laissé sa mère et sa sœur dans un tel dénûment, qu'elles en sont arrivées à se suicider toutes deux par misère, en laissant sur leur lit de mort une lettre de malédiction pour l'homme à la fois parricide et fratricide, qui allait perdre dans les tripots le pain qu'elles lui demandaient.

Ce même Delaunay, ce même Cartier, ce même Villemessant, est reçu à bras ouverts par les ducs qui nous gouvernent. Il est vrai qu'au 24 Mai M. de Broglie a serré contre son cœur les égorgeurs qui au 2 décembre ont arrêté et aux trois quarts étranglé son père, ce qui est une autre variété du parricide.

Et voilà les moralistes qui nous reprochent de saper

les bases de la famille, nous qui n'avons jamais vécu que pour notre patrie et pour nos enfants, nous qui n'avons tenté le coup désespéré d'une évasion, que poussés par l'envie folle d'aller les embrasser. Mon ami, Olivier Pain, le sait bien, lui. Quand nous nous promenions tous deux dans cette lande stérile, qui semble avoir été choisie pour nous faire regretter d'avoir échappé à la mort : " Est-ce que," lui demandai-je, " vous pourrez longtemps vivre ainsi à 6,000 lieues de vos enfants ? " Il me répondait " non ! " C'est donc à eux, c'est à ces êtres qui nous sont si chers et si indispensables, que nous devons en réalité notre liberté, car si nous les avions moins profondément aimés, nous n'aurions probablement pas risqué ainsi la mort pour les revoir.

Tandis que les journaux de la délation nous prêtaient les méfaits les plus fantastiques, nous apprenions au fond de nos cellules que les soldats de Versailles avaient, sous couleur de perquisition, mis nos maisons au pillage. Mon appartement de la rue de Chateaudun avait reçu la visite d'un détachement de l'armée du maréchal Mac Mahon, et il n'y était resté ni une porcelaine, ni un couvert d'argent, ni une pendule. Mes papiers de famille, mes parchemins, mes titres, les draps de mon lit, et la selle de mon cheval, tout est devenu la proie de ces défenseurs de la propriété. Les feuilles abjectes ont donc eu raison de raconter que des tableaux et des bronzes avaient été enlevés. Leur tort est de ne pas avoir ajouté qu'ils avaient été enlevés de ma collection, dans laquelle ils ne sont jamais rentrés.

Ces faits communs à presque tous ceux qui sont aujourd'hui tenus la bouche close au fond de l'Océanie, je les cite pour donner une idée de la bonne foi qui a dirigé les récits que nous avons tous lus. Mêler au poste celui qu'on vient de dévaliser, c'est ce que Mercadet appellerait le couronnement de l'édifice.

Du jour où M. de Mac Mahon eut autorisé le pillage, la dénonciation devint une industrie. Millière fusillé, Laluyé fut arrêté. Cette affaire a eu trop de retentissement pour que nous ayons à nous en occuper ici, mais nous seuls avons connu dans le secret des prisons les vendettas sinistres qui ont envoyé sur les pontons les êtres les plus purs de toute participation à la révolution du 18 mars. Mon ami Olivier Pain qui a sondé les mystères de Satory, où 4,000 hommes étaient couchés dans la boue sans un matelas et sans une couverture, mon ami Olivier Pain a eu pour compagnon non de prison, mais de cloaque, un jeune sculpteur nommé Lambert arrêté sans aucun motif plausible Il revenait d'Allemagne où il avait été appelé pour un travail d'art. Il était resté absolument étranger aux événements. Il croyait fermement à quelque erreur causée par une similitude de nom et pourtant toutes ses réclamations étaient restées sans réponse jusqu'au jour où tout s'expliqua et s'expliqua trop. Le lieutenant Piane, chargé de l'instruction de l'affaire, fort perplexe devant l'attitude du prévenu, retourna de fond en comble le dossier qui lui avait été remis, et finit par découvrir une lettre qui y avait été imprudemment laissée et qui était ainsi conçue :

" Mon cher Gaillard. — Puisque tes fonctions t'autorisent à faire arrêter qui bon te semble, tu serais bien aimable de me débarrasser d'un certain Lambert, sculpteur, dont la présence à Paris me gêne au-delà de tout ce que je peux t'écrire. "

Et la lettre était signée : " Marquis de Marguerie ".

Le colonel Gaillard était alors chef de la Justice Militaire, une sorte de Laubardemont à épaulettes qui présidait aux exécutions et aux arrestations. Il s'était empressé de rendre à son ami le service demandé, or vous ne vous douterez jamais de quelle nature était la gêne causée au marquis de Marguerie par le jeune artiste. Celui-ci avait été remarqué récemment par une jeune et charmante dame à qui M. le marquis avait fait vainement la cour, et l'amoureux transi n'avait trouvé, pour se débarrasser d'un rival encombrant, que de le faire transporter en Calédonie, si faire se pouvait.

Nous devons le dire et nous sommes heureux de le reconnaître, le lieutenant Piane, nous nommons les personnages de ce drame afin qu'on ne nous accuse pas de faire du roman, le lieutenant Piane fut saisi d'indignation à la lecture de cette lettre, et, pour que la honte et la responsabilité en retombassent sur qui de droit, il dicta au jeune sculpteur des réponses où le nom du misérable Marguerie se trouvait constamment mêlé. Quand le rapport qui concluait à la mise en liberté du prévenu parvint au colonel Gaillard, cet ami dévoué prit immédiatement le parti de l'anéantir, ordonnant au lieutenant Piane d'en rédiger un autre où le nom de Marguerie ne serait pas mentionné. Refus énergique du lieutenant qui fut alors cassé et remplacé par le capitaine Héryé comme rapporteur de l'affaire.

Bien que le chef de la justice militaire eût pris la précaution de supprimer la lettre de son ami, ce nouveau choix ne fut pas heureux pour les deux complices. Le capitaine Héryé, avec une loyauté qui l'honore, déclara qu'il ne se prêterait jamais à la perpétration de cette infamie et signa une ordonnance de non-lieu à la suite de laquelle M. Lambert fut rendu à celle qu'il aimait et qui n'avait cessé de venir le visiter pendant tout le temps de sa captivité à Satory. Je laisse au lecteur le soin d'apprécier si de tels hommes ont aujourd'hui le droit de reprocher à la Commune les arrestations arbitraires dont elle s'est malheureusement rendue coupable dans un moment où les dangers de la lutte lui rendaient suspects tous ceux qui refusaient de la servir.

J'ai sur des sujets analogues les mains pleines de révélations. Je m'abstiens de peur de révolter la pudeur du lecteur, il lui suffira, pour être édifié, de savoir qu'au dépôt dit des Chantiers à Versailles, les prisonnières de la Commune, au lieu d'être gardées par des femmes, comme l'exigent à la fois la loi et les convenances. étaient obligées de dormir et de s'habiller sous les regards impudents de soldats à qui leurs chefs se faisaient un plaisir de tout permettre. Ces malheureuses dont les sept-huitièmes n'avaient commis d'autre crime que de n'avoir pas dénoncé la retraite de leurs frères, de leurs pères ou de leurs maris, étaient, pour le moindre manquement à une discipline de pure fantaisie, dépouillées de leurs vêtements et jetées ainsi devant les surveillants et les prisonniers sous la pompe glacée de la grande cour du dépôt.

Des enfants de dix, onze ou douze ans, arrêtés par centaines sous les prétextes ou les accusations les plus futiles, étaient entassés sans couvertures, sans lits et presque sans nourriture dans des docks infectes et pestilentiels. Un lieutenant de dragons nommé Marserault, chargé de la direction de ces enfers, s'ingéniait à inventer tous les jours de nouveaux supplices à l'usage de ses pensionnaires. Il faisait par les temps les plus froids attacher en plein air les hommes nus auxquels il laissait passer la nuit sous la neige et le givre, et il descendait souvent lui-même leur distribuer des coups de canne au hasard de sa férocité ou de sa démence. Ces atrocités furent poussées si loin que des cris s'élevèrent. Une enquête fut commencée, deux députés de la gauche se rendirent aux chantiers pour interroger les victimes de cet épouvantable drôle. Celui-ci ne perdit rien de son cynisme. Il fit tourner à son profit la terreur qu'il répandait parmi les prisonniers et à force de menaces il parvint à en aposter deux ou trois qui déclarèrent publiquement qu'il n'y avait aucune plainte sérieuse à porter contre le lieutenant Marserault. Inutile d'ajouter que cette campagne lui a valu le grade de capitaine.

C'est dans les arrêts des conseils de guerre qu'apparaît dans tout son éclat la rancune du militarisme qui avait mis bas les armes devant l'invasion, contre le civisme qui voulait la combattre à outrance. Une action d'éclat pendant le premier siége, une citation à l'ordre du jour, loin de plaider en faveur d'un accusé, était pour lui une nouvelle chance de condamnation. La déportation compte un nombre extraordinaire de chevaliers de la Légion d'honneur décorés pour leur attitude devant l'ennemi. Les officiers bonapartistes qui, après avoir traîné vingt ans leurs sabres sur tous les pavés de France, les ont jetés dans les fossés pour courir plus vite dès qu'ils ont aperçu les Prussiens, semblaient considérer comme une insulte personnelle tout témoignage de bravoure. Il y a actuellement à la presqu'île Ducos un déporté nommé Leridan contre qui on n'a pu relever d'autre crime que celui d'être resté dans la garde nationale sans aucun grade. Comme je m'étonnais devant lui de l'extrême sévérité déployée à son égard, il me répondit avec une grande bonhomie en me montrant son pied déformé par une balle :

"Mon avocat m'assurait que j'allais être acquitté,

mais quand on a su que j'avais reçu cette blessure à Buzenval, le président m'a dit :

" Ah ! vous étiez de ceux qui croyaient que la garde nationale pouvait sauver Paris. Ça suffit.

" Et le conseil m'a condamné à la déportation dans une enceinte fortifiée. "

Cette façon nouvelle de rendre la justice s'alliait du reste à une telle ignorance des lois à appliquer, qu'on se demande si ces magistrats de pacotille ont l'entière responsabilité des insanités judiciaires qu'ils ont inaugurées. La condamnation qui m'atteint est notamment un spécimen des plus originaux. J'ai été convaincu d'outrages par la voie de la presse envers l'assemblée de Versailles. La loi déclare formellement qu'aucun article de journal attaquant l'Assemblée ne peut être déféré aux tribunaux si préalablement elle n'a autorisé les poursuites. Or, aucun vote n'a été provoqué à ce sujet. Si j'ai outragé l'Assemblée, ce que je ne nie pas, les membres de mon conseil de guerre l'ont outragée beaucoup plus gravement en passant par dessus ses prérogatives qui ne leur permettaient pas de me juger sans la consulter.

Un de mes co-détenus de St-Martin de Ré est entré un jour dans ma cellule l'extrait de son jugement à la main.

" Citoyen Rochefort, " me dit-il, " je viens vous consulter sur une question tout-à-fait neuve. J'ai été condamné à une peine qu'il est impossible de faire ; lisez. " Et je lus en effet le libellé du jugement portant que le pauvre homme avait été condamné à la déportation simple et à cinq ans de surveillance. Or, la déportation étant perpétuelle, ce brave homme était naturellement curieux de savoir à quelle époque commencerait cette surveil-

1.

lance qui ne peut avoir lieu qu'après la libération d'un condamné.

"Tranquillisez-vous", me contentai-je de lui répondre, " si quelqu'un dans cette affaire a besoin d'être surveillé, ce n'est pas vous, mais bien ceux qui confectionnent de pareils jugements. "

A ces tribunaux exceptionnels sous tous les rapports on a cru devoir donner l'appoint d'un autre tribunal non moins sinistre, qui s'intitule ironiquement sans doute la Commission des Grâces, et que les nombreuses fusillades ordonnées par elle ont fait nommer plus justement dans la déportation " la Commission du coup de grâce. "

La relation des exploits de cette réunion de crocodiles remplirait des journaux quotidiens. L'institution même de cette cour aussi martiale que les autres n'a été qu'un piége tendu à la misère des prisonniers. Dans les différentes prisons dont nous avons essuyé la vermine, les directeurs appelaient un à un les déportés et leur faisaient entrevoir sous les couleurs les plus séduisantes l'issue d'un recours en grâce. Une lettre non pas même de repentir, mais simplement d'excuse, suffirait pour les rendre à leur travail, à leur famille, à leur patrie. Tous, ou presque tous, refusaient d'abord tout compromis avec leur dignité, puis arrivaient les sollicitations de la femme ou de la mère, le récit des souffrances des enfants, jetés nus sans pain sur le trottoir des rues par des propriétaires insoldés. Alors on se disait que la vie de tant d'êtres chers valait bien une démarche dont le succès n'était pas douteux. Quelques-uns cédaient non pour eux, mais pour les leurs, et une fois que la Commission des Grâces avait entre les mains ce document arraché au désespoir et aux obsessions de toute espèce, elle se faisait une joie de confirmer la sentence et d'en réclamer l'application impitoyable.

Nous autres dont le devoir était depuis longtemps tracé et qui avions refusé avec dédain toute relation quelconque avec ces aides du bourreau, nous aurions voulu que l'abstention fût générale et que la position de membre de la Commission des Grâces devint, faute de suppliants, la plus humiliante des sinécures. Mais en présence de tant d'innocents, foudroyés par le malheur, de tant de familles réduites à la mendicité, qui de nous eût osé prendre la responsabilité de conseiller une faiblesse qui pour celui qui la commettait pouvait être le salut ?

Nous connaissons un condamné à la déportation, son nom est Sénéchal, père de huit enfants, que son emprisonnement laissait sans ressources, puisqu'un seul sur les huit était à peine en âge de se suffire et que la mère était morte de fatigue à la suite de l'arrestation de son mari. En présence d'une telle détresse, nous n'hésitâmes pas à aller le trouver pour lui demander s'il se croyait bien le droit de se refuser à formuler un recours qui sauverait neuf personnes à la fois. Il avait joué pendant les événements un rôle tout à fait effacé. Il était condamné pour simple port d'armes et d'uniforme. Quelque opinion que j'eusse de la férocité des réactionnaires, je ne pouvais supposer qu'une situation aussi désolante n'amollît pas pour un jour ces cœurs parcheminés. Sénéchal hésitait. Nous lui offrîmes de lui dicter sa demande où la sombre pénurie de ses huit enfants fut exposée dans toute son horreur. Le pauvre père de famille n'attendit pas longtemps la réponse. Un mois après, l'ordre arrivait de l'embarquer sur le transport l'*Orne*, qui l'emmena en Calédonie où il est actuellement, à moins que le scorbut ne l'ait enlevé en route. Quant aux enfants, deux, m'a-t-on écrit depuis, sont morts, et il y a tout à parier que les autres ne tarderont pas à bénéficier de cette grâce, la seule qu'ils puissent espérer maintenant.

Je dois le déclarer toutefois, l'implacable commission s'est laissé attendrir dans une circonstance qui n'est peut être pas unique, mais qui mérite d'être consignée.

Une jeune actrice de Paris, fort connue pour dépouiller à la ville les rôles d'ingénue qu'elle joue au théâtre, m'écrivit à la citadelle de Saint-Martin-de-Ré pour me consulter sur le moyen de faire libérer son frère condamné à la déportation simple. Cette aimable artiste avait joué dans mes pièces à l'époque où je préludais par des comédies aux drames de ma vie politique. Je lui répondis que ces messieurs de la Commission des Grâces étaient inaccessibles aux prières des mères de famille qui venaient réclamer leurs maris ou leurs enfants mais que je ne doutais pas qu'une visite personnelle de sa part à l'un de ces hommes inflexibles n'amenât des résultats tout différents.

Trois jours après ce conseil que je n'avais pas osé me dispenser de donner, la jolie comédienne m'écrivait d'une écriture émue : " Mille remercîments, j'ai vu le Président de la Commission et j'ai obtenu pour mon frère non pas une réduction de peine, mais une grâce pleine et entière. "

Le jour même, en effet, notre co-détenu mis en liberté partait pour Paris tandis que notre ami Sénéchal qui était père de huit enfants, mais qui n'avait pas de sœur au théâtre, cinglait vers l'île des Pins. Ainsi, ce que des familles aux abois avaient en vain sollicité avec toutes leurs larmes, c'est une coureuse de restaurant qui l'a obtenu dès son premier sourire. Voilà ce que, sous l'ordre moral, on appelle la moralité.

Quand ces hommes d'ordre eurent confirmé assez de sentences pour que les départs pussent s'effectuer, on se hâta d'armer des navires et d'y empiler autant de déportés que les batteries basses pouvaient en contenir. Pendant un an, la marine française fut uniquement occupée à promener des condamnés, et si une nouvelle guerre était venue à éclater, une descente sur nos côtes eût été facile de la part de l'étranger, tous nos vaisseaux ayant été accaparés pour transporter des Français. Bien qu'il se soit trouvé des marins pour solliciter une mission que Jean Bart et Duquesne eussent certainement refusée, nous devons reconnaître qu'un grand nombre d'officiers de mer ont essayé d'atténuer, par la façon dont ils l'accomplissaient, ce que leur devoir comportait de rigoureux. Malheureusement les ordres d'en haut laissaient bien peu de marge à leur bienveillance. Après une visite médicale absolument dérisoire, on a embarqué des malades, des fous et jusqu'à des mourants. Napoléon III avait considéré Cayenne comme une contrée assez lointaine pour qu'il pût y envoyer en toute sécurité les victimes de ses méfaits; l'assemblée versaillaise ne se crut hors de péril qu'après avoir choisi à 6,000 lieues de ses portes une île perdue dans les récifs de l'océan d'où ses ennemis auraient autant de peine à revenir que de difficulté à y arriver.

Six cent quatre-vingts hommes étaient entassés dans un seul transport sans air, sans lumière, avec du lard salé et du biscuit pour toute nourriture pendant un voyage de cinq mois. Un de nos amis, Corcelles, ancien administrateur sous l'empire du journal *La Marseillaise* que j'avais fondé, avait contracté sous la neige des pontons une phtisie qui était arrivée en peu de temps à sa dernière période. Nous essayâmes de faire comprendre au médecin du fort Boyard où Corcelles était interné dans la même casemate que moi, que son honneur professionnel lui interdisait de laisser partir dans ces conditions un homme au moins aussi condamné par la science que par les conseils de guerre. Rien n'y fit. Corcelles, malgré nos protestations, fut non pas embarqué, mais porté à bord de la frégate *La Guerrière* en partance pour la Nouvelle-Calédonie. Quinze jours après, il était mort.

Un autre logé depuis trois mois à l'infirmerie du fort Boyard fut tiré de son lit pour être plongé dans les caves de ce même transport *La Guerrière*, mais moins favorisé, plus favorisé devrais-je dire que notre pauvre Corcelles, il mourut dans la prison même sur l'escalier qu'il essayait de descendre. J'ai oublié le nom de cet infortuné, mais le fait ne sera pas démenti, car j'ai été chargé par mes co-détenus d'écrire à la femme de notre camarade pour lui annoncer ce nouveau genre de meurtre spécialement inventé pour son mari.

Ces procédés sanitaires produisirent les effets prévus Six cent quatre-vingts hommes privés de clarté et d'air vital, au fond d'une batterie humide, c'était un défi à la nature. Sur le seul transport l'*Orne* quatre cent vingt cas de scorbut se déclarèrent au bout de deux mois de voyage. Cet événement, comme tant d'autres, eût été nié ou passé sous silence par les déporteurs si le commandant de l'*Orne* n'avait pas été obligé par le manque de vivres de relâcher à Melbourne. La commission médicale australienne dut constater ce terrifiant état de choses, et en instruisit les journaux anglais, qui jetèrent un cri d'alarme.

Le gouvernement français y fit une réponse épique:

" Jamais, " déclara le *Journal Officiel*, " Jamais le transport l'*Orne* n'a compté quatre cent vingt scorbutiques à son bord. Cette fausse nouvelle ne peut avoir été propagée que par la malveillance. Il y a en effet sur le transport en question des scorbutiques, mais à aucun moment leur nombre n'a dépassé trois cent soixante. "

Lorsqu'un de ces convois funèbres était entré dans le port de Nouméa, le télégraphe annonçait invariablement à l'Europe que la santé à bord était satisfaisante. Quant à ceux qui étaient restés dans le chemin,

Heurtant de leurs fronts morts des écueils inconnus,

dit le poëte, on se gardait bien d'en faire mention. Le télégraphe ne mentait pas ; il y avait d'autant moins de maladies à l'arrivée qu'il y avait eu plus de décès pendant la route.

Ceux qui, comme mon collaborateur Olivier Pain, sont restés près de deux ans dans les fondrières de la presqu'île Ducos, pourront vous donner un aperçu de la vie qu'on y mène et de la mort qu'on y récolte. Ils diront comment la déportation qu'un ministre appelait emphatiquement l'exil dans une colonie est en réalité l'emprisonnement dans des silos ; et comment les meilleurs ouvriers de tous les corps d'états de Paris, faute de relations, d'outils et de ressources, sont condamnés à l'oisiveté forcée à perpétuité.

Le coup de fortune, qui, trois mois à peine après mon débarquement m'a arraché à cette existence abominable, ne m'a pas permis d'en subir toutes les épreuves et d'en épuiser tous les dégoûts. Tout ce que je puis affirmer, c'est que l'administration qui prétend vouloir faire de nous des colons ne peut en faire que des cadavres. Les sommes formidables qui ont été dépensées en frais de surveillance, en installations de fonctionnaires, en émoluments de gardiens de tout ordre, auraient sauvé la vie aux deux tiers des déportés, si elles avaient été employées en achat d'instruments de travail et d'objets de culture. On les parque, comme des pestiférés dans un lazaret, les uns à l'île des Pins, les autres à la presqu'île Ducos, en leur interdisant à peu près tout rapport avec les habitants de la grande terre, et on leur dit :

— Nous vous avons envoyés ici pour coloniser, pourquoi ne colonisez-vous pas ?

C'est à peu près comme si l'Angleterre prétendait avoir envoyé Napoléon à Ste-Hélène pour coloniser.

Il suffit d'ailleurs d'une étude superficielle de cette terre de Calédonie dont on a publié les tableaux les plus fantastiquement séduisants pour acquérir la certitude qu'elle ne sera jamais qu'une grande prison. Le gouverneur Gauthier de la Richerie, nommé autrefois à la direction du bagne de Cayenne, n'est qu'un garde-chiourme un peu plus galonné et un peu moins scrupuleux que les autres. Chargé après le Deux Décembre des exécutions des basses œuvres impériales, il mit sa gloire à aiguiser les tortures des honorables citoyens transportés par le coup d'Etat. Les crimes de ces tortionnaires sont restés célèbres dans les annales de la Démocratie. Notre ami Ranc, le député de Lyon, en a écrémé la liste dans ses articles de la *République française*. A mon entrée au gouvernement de la Défense Nationale je rédigeai un décret portant révocation de ce supplicieur. Malheureusement, l'investissement de la capitale et les six mille cinq cents lieues qui nous séparaient de lui le protégèrent. La réaction triompha de nouveau, et ceux qui avaient égorgé les républicains dans Paris n'hésitèrent pas à maintenir dans ses fonctions l'homme qui les avait massacrés à Cayenne.

Sous un tel gouverneur, dont les marins français ne parlent qu'avec horreur et mépris, la Nouvelle Calédonie ne pouvait devenir que ce qu'elle est, un refuge pour les aventuriers et les hommes tarés, que des protections ont dérobés à la justice des tribunaux de la métropole. Tous les ans, viennent s'échouer sur les récifs calédoniens des fonctionnaires qu'un scandale trop public a chassés de leurs places, des officiers de terre et de mer, renvoyés de leur corps à la suite de quelque éclat fâcheux. Toutes les pêches à quinze sous de l'administration et de l'armée vont enfouir là-bas leurs déboires. Vous devinez les exemples que ces naufragés de l'honneur donnent aux naufragés de l'insurrection. Ils ont fini par former entre eux des sociétés véreuses pour l'exploitation de mines imaginaires qui rappellent les opérations des Robert Macaires de l'Empire. Les mines d'or tant prônées sont une plaisanterie. Les mines de cuivre sont plus sérieuses, car elles prennent insensiblement le caractère d'une escroquerie. Des compagnies ont été fondées, des actions ont été émises. Or, il est établi que les énormes obstacles apportés au transport du minerai par la nature du sol, l'absence de route et la longueur du chemin, dévoreraient en frais d'expédition six fois la valeur des maigres filons récemment découverts. Mais lancées par le gouverneur qui a une part dans toutes ces affaires, les actions ont pris un développement si rapide que des parts valant cinq cents francs il y a un an à peine sont aujourd'hui cotées vingt-cinq mille, en attendant que la police correctionnelle démontre qu'elles n'ont rien valu.

En fait, à l'heure actuelle, il ne se consomme pas en Calédonie un kilo de viande, il ne se mange pas un morceau de pain, il ne s'achète pas un vêtement qui ne vienne d'Australie. L'industrie y est nulle, la production illusoire. J'ignore ce que l'avenir réserve à cette terre volcanique. Je sais seulement que jusqu'à ce jour le gouvernement n'a pu qu'en faire un gouffre où vont s'engloutir plus de quinze millions par an.

L'incommensurable distance qui sépare la Calédonie de la France fait du gouverneur dont je parle non pas seulement un proconsul ou un vice-roi, mais un autocrate décrétant sans discussion et sans contrôle. Les habitants de Nouméa, que ses abus de pouvoir exaspèrent, ne cessent de lui demander un conseil colonial chargé de vérifier les comptes. L'honnête Gauthier de la Richerie, qui ne tient pas en quoi que ce soit à cette vérification, les éconduit impitoyablement. Un négociant de l'île était venu un jour nous rendre clandestinement visite à la presqu'île Ducos. Il se plaignait amèrement du découragement où les procédés césariens du gouverneur jetaient dans la colonie. Je lui dis : " Pourquoi n'adressez-vous pas vos réclamations en France ? "

" Le voyage est si long ! " me répondit-il, " le gouvernement sera changé avant que notre pétition arrive." Un fait inouï, presque fabuleux, auquel on ne croira pas, comme j'ai refusé moi-même d'y croire, bien que j'en eusse lu dans une brochure publiée et saisie à Nouméa les détails circonstanciés ; un fait que le gouvernement actuel, si misérable qu'il puisse être, ignore, j'en suis sûr, et qu'il réprimerait, je lui fais encore l'honneur de le supposer, montrera ce que devient l'arme de l'arbitraire entre des mains indignes. Le capitaine de vaisseau Gauthier de la Richerie, commandeur de la Légion d'honneur, fait la traite des nègres ! Il n'y a pas de mois où des corsaires n'arrivent toutes voiles dehors dans le port de Nouméa, avec une cargaison d'esclaves enlevés aux Fidji, à l'île Lifou ou aux Nouvelles-Hébrides. Les négriers abordent à ces îles, organisent soit à bord, soit sur le rivage une fête qui attire les naturels, et sous prétexte de leur distribuer des verroteries d'Europe, ils les font descendre dans un entrepont grillé et bordé de canons d'où ils ne descendent que pour être vendus dans les îles de l'Océanie ou aux Philippines.

Les Anglais combattent impitoyablement ce genre de trafic et font une chasse active à ces marchands d'hommes qu'ils pendent à la plus haute vergue dès qu'ils les capturent. Eh bien, cette piraterie trouve un asile, une protection et un placement avantageux de son chargement auprès du gouverneur de la Calédonie. Il y a environ trois mois le *Robert Bruce*, capitaine Fowler, portant à son bord quatre-vingt huit indigènes de Lifou n'a échappé à un vaisseau de guerre anglais qu'en se réfugiant dans les eaux françaises de la Nouvelle-Calédonie. Il est resté plusieurs semaines sans oser sortir de la rade de Nouméa et, afin de dérouter l'ennemi, le capitaine a fait annoncer dans le journal officiel de la colonie la vente de son navire. La vente était fictive, bien entendu, et quelques jours plus tard le *Robert Bruce* complétement repeint à neuf repartait sous un autre nom et avec une autre physionomie pour reprendre le cours de ses exploitations maritimes. Quant aux quatre-vingt huit indigènes, ils avaient été écoulés dans la colonie à des prix relativement modérés vu les circonstances exceptionnelles qui présidaient aux marchés. Du reste le trafic est tellement public que la mise en vente des nègres avait été publiée en meme temps que celle du navire dans le journal du gouvernement. Le cynisme de cette annonce m'a paru si étrange que je l'ai découpée dans la gazette officielle et envoyée à un député de la gauche.

Afin de masquer ce que ces opérations ont de révoltant, les naturels sont considérés comme étant venus de leur plein gré sur le navire chercher des engagements pour vivre. A leur débarquement à Nouméa un interprète, qui n'a jamais interprété que les intentions du gouverneur, fait semblant de leur demander s'ils ont été amenés volontairement en Calédonie, et fait semblant d'entendre leur réponse, que naturellement il déclare toujours être affirmative. Malheureusement cette comédie a donné lieu il y a quelque temps à un singulier coup de théâtre. Deux esclaves ont, sans provocation apparente, mis le feu à la maison de leur maître, après l'avoir préalablement assommé aux trois quarts. L'affaire était criminelle au premier chef et pouvait entraîner la peine capitale; d'où vient qu'elle fut étouffée presque aussitôt et les hommes simplement punis de huit jours d'emprisonnement pour un délit qu'on qualifia de tapage nocturne? C'est que devant le juge chargé de l'instruction, les deux prévenus déclarèrent qu'ils étaient natifs des Fidji, qu'ils avaient été enlevés de vive force deux mois auparavant sur le champ même qu'ils cultivaient et vendus en Calédonie.

Afin d'obtenir des renseignements circonstanciés sur cet abominable trafic nous avons imaginé, Olivier Pain et moi, de feindre l'intention d'acheter un nègre pour nous servir; le prix moyen d'un esclave varie de deux cent à deux cent cinquante francs. Il est stipulé dans le traité, afin de déguiser la traite, que cette vente est un simple engagement de deux ans après lesquels le noir est rendu au vendeur qui se charge de le rapatrier. Personne ne peut s'illusionner sur la valeur de cette clause :
Primo. Le natif ne touche pas le prix de son prétendu

engagement; *Secondo*. Quand les deux ans de service sont finis, c'est à son propriétaire qu'il est rendu, vous devinez ce qui se passe alors. Le corsaire rentre en possession de la marchandise et va la négocier de nouveau sur une côte voisine de sorte que le malheureux esclave ne change pas de condition mais simplement de maître, ce qui rend le genre de traite encore plus cruel et plus odieux que l'autre.

Nous avons présenté cette observation que le marché étant passé avec un tiers, le noir n'était tenu à aucun devoir, et qu'il pourrait nous quitter d'un jour à l'autre. Il nous a été répondu qu'il était à nous, que le gouvernement de la Calédonie nous en garantissait la propriété, que nous avions sur lui le droit de bastonnade et même de vie et de mort, que chez tous les colons, chez M. Numa Joubert notamment, un des planteurs les plus importants de la colonie, il y avait au milieu de la cour un arbre servant de poteau où l'on fustigeait les noirs coupables d'infraction au règlement de la maison et qu'enfin la convention relative aux deux ans était presque toujours illusoire, attendu que le négrier était souvent pendu par les Anglais avant d'avoir pu venir réclamer ses prises.

Respirer l'infection de ce milieu déshonoré nous devint bientôt insupportable. Le ministre de la marine, M. de Dampierre d'Hornoy, avec les hautes connaissances géographiques qui ont distingué nos officiers dans la dernière guerre, avait déclaré que la garde des déportés était assurée, les requins se chargeant d'empêcher toute fuite du côté de l'océan, et les Kanacks y mettant ordre du côté de la terre. Cette idée ingénieuse de nous avoir placés ainsi entre les mâchoires des hommes et celles des poissons avait même provoqué chez la droite la plus joyeuse approbation. Nous étions heureusement fixés sur l'intelligence des signataires de la paix de Bordeaux, et, puisqu'ils considéraient l'évasion comme impossible, nous en conclûmes immédiatement qu'elle était praticable.

A partir de ce moment la pensée de revoir l'Europe nous hanta nuit et jour. Olivier Pain, Paschal Grousset et moi habitions sur une colline une paillotte isolée où nous eûmes le loisir de nous concerter à notre aise. Notre plan fut d'aller par mer, à la nage s'il le fallait, jusqu'à quelque bateau dont le capitaine consentirait à nous prendre.

Nous avions entendu raconter que les requins, nombreux dans la rade, se rassemblaient ordinairement aux environs de l'abattoir, situé non loin de la presqu'île, et que nourris abondamment des détritus de la boucherie, il leur arrivait assez rarement d'attaquer l'homme. Olivier Pain, qui ignorait les premiers principes de la natation, se mit énergiquement à l'œuvre, et un mois après mon arrivée, il était devenu un des meilleurs nageurs de la presqu'île. Nous nous familiarisâmes alors avec le danger, en essayant tous les jours en mer des promenades de deux et trois heures.

Je ne pourrais insister sur certains détails, sans compromettre quelques braves gens qui nous ont prêté leur concours ; le fait est que, grâce à eux, trois déportés simples, résidant à Nouméa même, Achille Ballière, Jourde et Bastien Granthille purent s'aboucher avec le capitaine anglais Law, du trois-mâts barque P. C. E. Cet excellent homme, sans se rendre exactement compte de l'importance des prisonniers qu'il aurait à son bord, consentit à nous enlever, et s'engagea à nous conduire en Australie. Mais la presqu'île était gardée beaucoup trop étroitement pour qu'il lui fût permis d'en approcher, et tout ce qu'il osa promettre fut de nous recevoir, si nous avions quelque moyen d'aborder à son navire qui était au fond de la rade de Nouméa, c'est-à-dire à plus de trois lieues de notre enceinte fortifiée.

Le voyage au bateau anglais fut l'épisode la plus dramatique de notre évasion, et nous aurions certainement succombé à la fatigue si nos amis de Nouméa ne nous avaient épargné la plus longue partie du chemin en venant au devant de nous par une nuit noire dans une baleinière qui nous recueillit nus et tout déchirés par les lames des rochers coupant comme des rasoirs.

L'intrépide capitaine Law sut seulement en me reconnaissant à son bord qu'il opérait mon sauvetage et loin de s'effrayer de la responsabilité qu'il pouvait encourir, il nous renouvela plus énergiquement sa promesse de nous protéger et de nous défendre. La nuit que nous passâmes à fond de cale fut des plus tourmentées. Un retard d'une demie journée dans l'appareillage fixé à sept heures du matin, c'était notre mort. Enfin après deux heures d'un calme que nous avions tous les droits d'appeler un calme effrayant, il s'éleva un vent si exceptionnellement favorable qu'en moins de sept jours nous étions à Sidney, traversée qui demande souvent vingt-cinq jours et plus.

Nous revoyons la lumière après trois mortelles années de silence passées au fond d'un sépulcre. Pendant trois ans, ceux qui nous appelaient démolisseurs et perturbateurs ont eu le champ libre. Nous n'étions plus là pour contrecarrer ces législateurs que notre opposition avait longtemps désorientés. Ils ont tenu à loisir la

France dans leurs mains durant notre ensevelissement. On peut voir ce qu'ils en ont fait.

Robespierre a dit à la convention : " Je serai toujours en principe contre la guerre parce qu'une victoire peut mettre la nation entre les mains d'un général heureux et que je préfère la liberté à la gloire. "

Jamais le patriotisme si justement alarmé du grand citoyen, n'aurait supposé ce qui arrive aujourd'hui, c'est-à-dire que non pas la victoire mais la honte et la défaite pouvaient s'installer à la tête de la nation. L'infortuné MacMahon, ce glorieux blessé dont on n'a jamais pu découvrir ni la gloire, ni la blessure, n'a même pas compris ce qu'il y avait de sanglant pour lui dans ce titre de gouvernement de combat dont on a décoré sa Présidence. C'est contre la Prusse et non contre la France qu'il avait mission de combattre, mais l'Assemblée rurale qui avait mis tant de hâte à signer la paix que vous savez, semble avoir voulu récompenser par la magistrature suprême celui qui avait rendu la capitulation inévitable. Il a suffi d'avoir rêvé la résistance pour devenir l'ennemi de ces fauteurs d'invasion. Ils vomissent sur Gambetta parce qu'il a lutté ! Après avoir fusillé Rossel qui a cherché à sauver Metz, ils font à l'odieux Bazaine qui l'a livré une villégiature caressante et fleurie sous le plus beau climat du monde.

Nous avons subi dans nos épreuves ce surcroît de malheur de nous trouver presque toujours en face de quelque soldat traître à son pays. Ladmirault, qui gouverne Paris qu'il a égorgé, était à Metz ; Cissey, Garcin, les deux assassins du député Millière, étaient à Metz. Merlin, le président du conseil de guerre qui a condamné à mort le capitaine Rossel, était à Metz. Vinoy qui a tué Duval et Flourens, était à Paris, mais la façon dont il l'a défendu donne la mesure des prodiges qu'il aurait accompli ailleurs. C'est quand ces gens-là ont été trop déshonorés pour continuer leur métier de soldats qu'on leur a confié des rôles de bourreaux. Tels sont nos maîtres au-dessus desquels plane et rayonne le sabre ébréché du maréchal MacMahon. Quel nœud gordien ce sabre a-t-il tranché jusqu'ici ? Quel problème a-t-il résolu ? Quelle formule a-t-il inaugurée ? Le premier acte de ces régénérateurs a été un honteux marchandage proposé à la presse, et lorsque le jour s'est fait sur cet honnête complot, ils ont demandé des lois contre elle. Quand la presse se taira sur leur incapacité, en seront-ils plus intelligents ? Ils en viennent aux vieux clichés politiques dont la première Restauration ne voulait pas et dont la seconde est morte. M. MacMahon se croit Président d'une République, il est en réalité un simple commandant d'état de siége.

Un de ses plus brillants exploits a été d'envoyer dès le 26 mai, c'est à dire deux jours après son avénement, l'ordre au gouverneur de la citadelle de Saint-Martin-de-Ré de faire poser des grilles dans le parloir de la prison, afin de m'empêcher d'embrasser mes enfants avec qui je communiquais à peu près librement depuis deux ans. Vous le voyez, ce maréchal de France est doublé d'un capitaine de sergents de ville.

Ce peuple français si délicat, si nerveux, si impressionnable, quel chef le vote d'une assemblée expirante lui a-t-il donné ? Un vieux soldat d'Afrique qui ne connaît de notre pays que ce qu'il en a appris dans les gourbis algériens où il a usé quarante ans de sa vie ; un conducteur de Bédouins qui se croit chez nous dans un bureau arabe et traite nos libertés sacrées et nos droits imprescriptibles comme si le gouvernement de la France était une expédition en Kabylie.

Et cette antique moustache a la prétention de nous tenir sept ans sous sa dragonne, et ce produit exotique s'imagine être autre chose qu'un bouclier momentané contre la dissolution ? Heureusement le bouclier va rentrer pour jamais dans sa panoplie, car la dissolution est proche, et la dissolution c'est l'avénement définitif de la République. Les marguilliers et les zouaves pontificaux ont beau agiter dans le lointain le panache blanc d'Henri IV, c'est à qui refusera de s'y allier, à commencer par Henri V, qui restera d'autant plus longtemps candidat à la couronne qu'il cherchera constamment des prétextes pour l'écarter de sa tête. Je soupçonne ce monarque *in partibus* de posséder beaucoup mieux que ses conseillers le sens de la situation. J'ai lieu de croire qu'il préfère — et je l'en félicite — la royauté de nom dont il jouit depuis longtemps à la royauté de fait dont on le débarrasserait si vite s'il commettait la faute de l'accepter.

Au fond de la sécurité princière que les révolutions lui ont faite, il se rappelle son grand oncle sur l'échafaud son grand-père en fuite, son cousin tombant d'un palais dans un fiacre, il peut aller à Londres s'agenouiller devant les cierges que fait brûler l'ex-impératrice au succès de l'expédition de Boulogne que Napoléon IV nous réserve. Il voit les princes en déroute, les Tuileries en cendres, et il se dit probablement, qu'après avoir mis cinquante-deux à monter sur le trône, il ne resterait pas trois mois sans en descendre.

C'est de toutes ces impossibilités que se compose la

nécessité de la République, et la volonté nationale va l'imposer définitivement à ceux qui s'intitulent les hommes d'ordre, et que nous appelons nous, les agitateurs et les révolutionnaires. C'est Fox qui l'a dit, Fox, qui avait étudié la politique ailleurs qu'au milieu des tribus arabes : " La pire des révolutions, c'est une restauration. "

HENRI ROCHEFORT.

www.ingramcontent.com/pod-product-compliance
Lightning Source LLC
Chambersburg PA
CBHW060726050426
42451CB00010B/1641